DE

L'IMPORTANCE INCONTESTABLE

DU

LANGAGE MIMIQUE

DANS

L'ENSEIGNEMENT DES SOURDS-MUETS DE NAISSANCE

PAR

V.-G. CHAMBELLAN

Professeur en retraite des institutions nationales des sourds-muets de Bordeaux et de Paris, l'un des secrétaires de la Société centrale d'éducation et d'assistance pour les sourds-muets en France.

Le temps découvre la vérité
(Académie).

PARIS
CHEZ L'AUTEUR, BOULEVARD DE SÉBASTOPOL, 61.

1884

DE

L'IMPORTANCE INCONTESTABLE

DU

LANGAGE MIMIQUE

DANS

L'ENSEIGNEMENT DES SOURDS-MUETS DE NAISSANCE

CHATEAUROUX. — TYP. ET STÉRÉOTYP. A. MAJESTÉ.

DE

L'IMPORTANCE INCONTESTABLE

DU

LANGAGE MIMIQUE

DANS

L'ENSEIGNEMENT DES SOURDS-MUETS DE NAISSANCE

PAR

V.-G. CHAMBELLAN

Professeur en retraite des institutions nationales des sourds-muets de Bordeaux et de Paris, l'un des secrétaires de la Société centrale d'éducation et d'assistance pour les sourds-muets en France.

Le temps découvre la vérité
(Académie).

PARIS

CHEZ L'AUTEUR, BOULEVARD DE SÉBASTOPOL, 61.

1884

DE

L'IMPORTANCE INCONTESTABLE

DU

LANGAGE MIMIQUE

DANS

L'ENSEIGNEMENT DES SOURDS-MUETS DE NAISSANCE

Le temps découvre la vérité.
(Académie).

Des congrès internationaux pour l'amélioration du sort des sourds-muets ont lieu depuis 1878. Beaucoup de questions y ont été traitées. On s'est surtout occupé de la méthode qu'il convient de suivre pour instruire ces infortunés. Après des discussions nombreuses, on a condamné le langage mimique et proclamé l'enseignement par la parole, ce que je considère comme fâcheux pour le développement intellectuel et moral du sourd-muet.

Il faut bien le dire, la méthode que l'on propose n'est pas nouvelle ; comme d'autres systèmes, elle a déjà été essayée : on défait et on refait ce qui a été tenté bien des fois.

Pedro Ponce de Léon, bénédictin espagnol, mort

en 1584, et Jacob-Rodigues Pereire de Berlanga, établi en France vers 1734, sont regardés comme ayant connu et pratiqué, les premiers, l'art d'enseigner les sourds-muets.

François Vallès et Castaniza, auteurs d'ouvrages imprimés à Salamanque en 1588, font connaître le mérite de Ponce. L'Académie des sciences, en 1751, encourage Pereire, l'engageant à persévérer et à perfectionner ses procédés.

Ces deux instituteurs se servaient notamment de la parole et de l'écriture. Employaient-ils le langage d'action ? faisaient-ils usage de quelques signes ? Leurs élèves dont on a fait un pompeux éloge étaient-ils nés sourds ? ou avaient-ils perdu l'ouïe par accident ? Dans ce dernier cas, à quel âge avaient-ils été privés de la faculté auditive ? Enfin, quelle était, d'une façon précise, l'étendue de leurs connaissances ? Ce sont là, il me semble, des points fort importants sur lesquels on devrait être fixé avant de porter les résultats obtenus à l'actif de telle ou telle méthode.

L'abbé de l'Épée, il est vrai, dit page 155 et suivantes de son livre intitulé : *Institution des sourds-muets* (1776), « que leur apprendre à parler, à entendre des yeux et » à s'exprimer de vive voix, c'est les rendre totalement à » la société ; qu'il n'est rien que ses élèves ne puissent » écrire sous la dictée de la parole articulée ; qu'une » sourde-muette récite à haute voix les vingt-huit cha- » pitres de l'Évangile selon saint Mathieu ; qu'un jeune » sourd-muet lui répond publiquement à la messe ; que

» ce même élève a soutenu, en 1773, une dissertation » latine sur la définition de la philosophie, etc., etc. »

Comment débute l'abbé de l'Épée dans la carrière qui va l'immortaliser? C'est en continuant (1760) l'éducation de deux sœurs sourdes-muettes, commencée, à l'aide d'estampes, par le père Vanin, de la doctrine chrétienne, que la mort venait d'enlever. Il ne tarde pas à réunir d'autres élèves; il puise une ressource précieuse dans le langage d'action, dans la mimique; il ne rejette pas le dessin; il emploie même la dactylologie ou alphabet manuel adopté par Pereire, son contemporain, qui avait quelques pensionnaires. On accourt pour admirer son œuvre; elle se propage dans toute l'Europe; elle se répandra partout ailleurs: elle servira de modèle à toutes les écoles du même genre.

Son enseignement prospère, tant qu'il est fondé sur les principes indiqués plus haut. Mais lorsqu'un système de signes méthodiques[1] a été substitué aux signes naturels[2], les progrès des élèves se ralentissent, et le découragement s'empare de l'instituteur. C'est sans doute alors qu'il fait la déclaration précitée, dont se prévalent les adversaires du langage mimique.

1. Les signes méthodiques s'émettent un à un dans l'ordre de la syntaxe; ils sont purement grammaticaux; ils rappellent les mots, les personnes du verbe, les modes, etc., mais ne donnent guère d'idées nouvelles.

2. Le signe naturel dépeint les objets, la pensée, etc., tels qu'ils existent; il est précis, concis et compris de tout le monde; il néglige l'accessoire et ne mentionne que l'essentiel.

L'abbé de l'Épée pensait-il que la parole peut-être enseignée avec fruit à tous les sourds-muets sans exception? Je ne le crois pas. Des individus qui, sans être atteints de mutisme, avaient une dureté d'oreille, se seraient introduits dans sa maison. Quoi d'étonnant qu'une de ces personnes ait pu servir la messe ou lire vingt-huit longs chapitres de l'Évangile ? L'opinion que j'émets n'est qu'une hypothèse, mais une hypothèse très vraisemblable ; et si rien ne prouve que je sois dans le vrai, rien ne prouve que je fasse erreur.

Au surplus, l'abbé de l'Épée affirme-t-il que ce sourd-muet et cette sourde-muette n'ont jamais parlé? Le donne-t-il à entendre du moins? Il se tait sur cette question capitale. Rien n'empêche donc de croire que ces deux personnes avaient conservé un reste d'audition. Il a eu raison de les exercer à s'exprimer de vive voix.

Son école, érigée en institution nationale deux ans après sa mort, n'a point perdu de vue cette tentative. Antérieurement à 1829, mon regretté professeur, M. Valade-Gabel, avait été chargé d'un cours d'articulation. Ensuite ce cours fut confié à M. Puybonnieux, plus tard à M. Léon Vaïsse. De janvier 1860 à février 1871, grâce à une organisation dont avaient pris l'initiative MM. de Col et Vaïsse, il fut professé en même temps par plusieurs maîtres. On n'y admettait que les demi-sourds et les sourds parlants; l'emploi du langage mimique ne leur était pas absolument interdit.

Depuis 1880, on prétend être entré dans une meilleure voie : on essaie de faire parler même les muets, ceux qui n'ont jamais entendu, et cela, dit-on, à l'exemple de certains établissements d'Allemagne et d'Italie. Les signes sont rigoureusement bannis. Une méthode orale pure est préconisée.

Le langage mimique parut à l'abbé de l'Épée, ainsi qu'à nombre d'instituteurs distingués [1], plus propre à développer l'intelligence du sourd-muet de naissance et à élever à la fois son cœur et son esprit. Non, ce langage ne lui nuit en rien ; il ne nuit pas non plus au sourd parlant ; non, il ne porte point le moindre trouble chez eux. Bien au contraire, il fait travailler leur esprit comme le latin et le grec font travailler celui du collégien.

Un jour, je mimai à deux jeunes élèves la fable : *La grenouille qui se veut se faire aussi grosse que le bœuf.*

Le premier écrivit :

« Une grenouille vit un bœuf ; il lui parut de belle taille.

Elle n'était pas grosse tout à fait comme un œuf ; elle devint envieuse.

Elle essaya d'égaler le bœuf, s'étendant, s'enflant.

Puis elle dit à une autre grenouille : regarde bien, ma sœur ; est-ce assez ? atteins-je maintenant la grosseur de l'animal ? celle-ci répondit : non.

1. L'abbé Sicard, Saint-Sernin, Béblan, l'abbé Chazottes, Valade-Gabel, Edouard Morel, Vaïsse, Berthier, Forestier, Piroux, Gallaudet, etc.

Le docteur Itard lui-même, qui se plaisait à faire parler Eugène Allibert, son compatriote, disait à d'autres : « la parole ne vous va pas ; la mimique est votre ressource. » On peut s'en convaincre en consultant les première et deuxième circulaires de l'institution de Paris.

La grenouille, après de nouveaux efforts, demanda si elle y était parvenue.

Nullement, continua l'autre. — M'y voilà donc? — Vous n'en approchez point du tout.

La chétive bête s'enfla beaucoup, son ventre se rompit, et elle expira ».

L'autre traduisit :

« Une grenouille aperçut un bœuf; elle le trouva grand et beau.

Elle n'était pas précisément aussi grosse qu'un œuf ; elle s'attrista et devint jalouse.

Elle s'efforça d'atteindre la taille du bœuf. Pour cela elle se travailla, elle s'élargit, se haussa.

Elle dit ensuite : vois ma sœur, égalé-je à présent l'animal en grosseur?

La sœur répondit négativement.

L'ambitieuse grenouille s'étendit de nouveau, se gonfla et demanda : y suis-je donc? — non, non, vous en êtes bien loin encore.

La petite bête fit un effort suprême, son ventre s'ouvrit, et elle mourut ».

Les actes sont exactement exprimés. La construction des phrases et les mots employés ne sont pas toujours les mêmes chez les deux élèves, ce qui prouve que la dictée a été saisie. On sera indulgent : on ne fera pas attention à leurs petites irrégularités.

Combien de fois n'a-t-on pas vu des sourds-muets répéter servilement les paroles de leurs interlocuteurs au lieu de leur répondre! Combien prononçaient sans comprendre le sens de ce qu'ils lisaient ! Combien n'en a-t-on pas entendu parler assez distinctement, mais qui, quand il fallait s'exprimer par écrit, étaient embarrassés et confus ! Si on appelait cela un progrès, ce serait dérisoire, ce serait un acheminement vers la nullité de l'instruction, ce serait autoriser le premier venu à prendre le sourd-muet pour un simple sujet à expériences.

On a remarqué non moins rarement que les enfants, qui arrivaient des écoles où l'on disait la mimique exclue et la méthode orale seule en usage, faisaient plus de signes qu'ils ne parlaient. Ceci est d'une signification à laquelle il est impossible de se méprendre. Jamais on ne croira qu'on puisse, les bras croisés, instruire le sourd-muet.

Ce qui l'induit en erreur, quand il écrit sous la dictée mimique, ou s'exprime spontanément, c'est l'ignorance des règles de grammaire, qu'il faudrait s'attacher davantage à lui inculquer par des exemples bien choisis. Le signe naturel et accompagné du jeu de la physionomie a une puissance que n'ont ni la parole artificielle ni la méthode intuitive [1] ; il ne laisse aucune équivoque ; il est comme une étincelle électrique qui répand la lumière la plus vive. « La force de ce levier est telle [2], dit M. Valade-Gabel, qu'il ébranle même l'idiotisme ».

1. Cette méthode, toute bonne qu'elle est, ne donne pas, sans le secours de la mimique, l'explication des nuances de la pensée et des délicatesses du style.

2. Premier mémoire sur le rôle que la parole et la lecture sur les lèvres doivent jouer dans l'enseignement des sourds-muets, p. 16. Bordeaux 1833.

On se demande souvent comment le sourd-muet pense : avec les mots ? ou par les signes ?

Il ne peut penser avec les mots qu'il ne connait pas. L'objet de ses impressions étend le cercle de ses pensées. S'il connaît déjà le mot correspondant à ce qu'il sent, il s'en sert. S'il l'ignore, il est obligé de le demander, ou bien il fait un tableau où ses sensations sont fidèlement exposées. L'idée précède le signe. Dès lors on ne doit pas dire qu'il pense plus avec l'aide des signes que par le secours des mots, mais à peu près comme l'entendant parlant au moyen de l'image ou de l'action qui a frappé ses sens.

Le langage mimique et le langage écrit suivent un ordre différent, et rendent parfaitement la même pensée.

La construction des signes se fait de la sorte :	En français, on écrit :
Chapeau appartenir moi neuf.	Mon chapeau est neuf.
Chapeau René appartenir frotter (*impératif*).	Frotte celui de René.
Félix partir (*passé*).	Félix est parti.
Départ ce affliger nous (*présent*).	Ce départ nous afflige. ou Nous en sommes affligés.
Bâton un Jules saisir (*présent*).	Jules saisit un bâton.
Bâton ce avec Jules frapper Édouard (*futur*).	Il en frappera Édouard ou Il frappera Édouard avec ce bâton.

Toi dessiner savoir.	Tu sais dessiner ou le dessin.
Toi étourdi on savoir.	On sait que tu es étourdi.
Toi réfléchi on vouloir.	On veut que tu sois réfléchi ou que tu réfléchisses.
Sucre doux ; sucre moi aimer ; sucre partie moi vouloir.	Le sucre est doux ; je l'aime ; j'en veux.
Vérité moi dire toi.	Je te dis la vérité.
Toi venir dire (faire le signe d'ordonner, d'inviter).	Je te dis de venir.
Moi malade un peu dire toi (annoncer, apprendre).	Je te dis que je suis un peu malade.
Toi voir dimanche moi aller si beau temps.	J'irai te voir dimanche, si le temps est beau ou s'il fait beau.

Il ne suffit pas de localiser et de préciser le sujet, le verbe, l'attribut, les compléments, les rapports, etc., de manière que la confusion ne soit point possible, il faut encore respecter le génie de la mimique et éviter toute monotonie. Il est non moins indispensable de faire mille exercices sur les dix parties du discours et d'insister principalement sur les compositions telles que comptes rendus d'actions, descriptions, récits, dialogues, lettres, etc. J'ai énuméré, en 1872, ces divers exercices dans une brochure [1]. Je n'y reviendrai pas aujourd'hui.

Une fois que le sourd-muet, quelque peu intelligent

1. But qu'il convient de se proposer dans l'enseignement des sourds-muets.

qu'il soit, connaîtra les règles de la langue écrite, il ne s'en écartera plus. Mais il faut prendre la peine de les lui faire toucher du doigt, sinon il retombera sans cesse dans les mêmes fautes.

M. le docteur Peyron, directeur actuel de l'institution de Paris, me fit, il y a trois ans et demi, l'honneur de m'offrir d'y rentrer à titre provisoire. Il me confia une section d'élèves arriérés. Je leur donnais, ce dont ils se plaignaient, à revoir les leçons jusqu'à ce qu'ils sussent en tirer parti. Plusieurs d'eux s'étant maintenus aux premiers rangs dans les classes supérieures où ils furent admis, ils finirent par comprendre qu'on ne fait rien de bon avec précipitation, qu'il est impossible d'écrire passablement sans avoir appris à tourner et retourner les phrases.

Revenons à l'articulation. L'abbé de l'Épée ne lui reconnaissait pas le privilège que lui attribuait Samuel Heinicke de Leipsick, de mieux servir le sourd-muet. « L'enseigner [1], dit-il même, n'est point une œuvre qui demande de grands talents ».

Les merveilles dont, en 1880, les membres du Congrès de Milan ont été témoins, ont pu les éblouir. Pour qui a vécu de la vie intime du sourd-muet, ces merveilles ont dû être préparées de longue main. Bien avant cette époque un professeur, voulant s'assurer de la vérité, visita plusieurs établissements à l'étranger. Deux ou trois ans plus tard, il s'y présenta sous un autre costume ;

1. *Véritable manière d'instruire les sourds-muets* p. 155 et 156. 1784.

il remarqua qu'on faisait parler devant lui les mêmes élèves que lors de sa première visite. Ils avaient grandi, voilà tout.

Un jeune homme, devenu sourd à l'âge de trois ans, entra dans une de nos écoles de province. Vers la fin de ses études, il eut un prix d'articulation. Tout fier, il s'empressa d'en faire part à sa famille. Son grand-père voulut l'entendre. Le jeune homme ouvrit la bouche, et fit de son mieux. Le grand-père, hochant la tête, l'arrêta, et lui dit : « Oh ! mon enfant, tu ne parles pas ; tu hurles ». Quelle responsabilité n'assume-t-on pas en affirmant que de pauvres petits muets parleront ; il y a loin de la promesse à la réalité !

L'enseignement des sourds-muets date de cent vingt-trois ans depuis l'époque supposée où l'abbé de l'Épée s'en occupa, et de trois siècles depuis la mort de Ponce. D'où vient qu'on marche encore de tâtonnements en tâtonnements ? Se serait-on fourvoyé ? n'aurait-on pas mis à profit les leçons de l'expérience ?

Quoi qu'il en soit, on ne voudra pas que le sourd-muet soit réduit au rôle d'automate, on voudra qu'il réfléchisse, qu'il comprenne ce qu'il lit, ce qu'on lui dit ; qu'il sache conduire ses affaires, qu'il ait la conscience de ses devoirs et de ses droits. Et ce progrès, qu'on ne l'oublie pas, ne pourra être obtenu que si on a la sagesse de ne pas éteindre le phare que l'abbé de l'Épée a allumé dans son école en y introduisant le langage du geste, ce langage que la nature, dans sa sollicitude, a donné en compensation au sourd-muet de naissance, langage auquel a même recours, en pays étranger, le voyageur ne sachant pas un mot de l'idiome de ce pays.

On a reconnu, de tout temps, qu'il faut cultiver le langage oral chez le sourd parlant ; qu'il est utile de se servir avec le muet du langage d'action, de la mimique. Si, en parlant de vive voix à l'un et à l'autre par la dactylologie ou par écrit, on voit qu'on n'est pas compris, on se trouve nécessairement dans l'obligation de recourir au langage-image ou aux signes.

Pour bien des personnes, dactylologie et langage mimique sont synonymes. De là des malentendus. La dactylologie, c'est la parole au bout des doigts représentant les lettres de l'alphabet ; elle suppose la connaissance préalable de la signification des mots ou des expressions qu'on transmet. Le langage mimique est une autre parole silencieuse, ou plutôt une sorte de peinture vivante de ce qu'on exprime ; on peut l'employer sans connaître aucun mot.

Le travail consciencieux et remarquable[1], que M. Adolphe Franck présenta à M. le ministre de l'intérieur, en 1861, au nom d'une commission composée d'illustres savants, eut du retentissement, et fut chaleureusement applaudi. Cette commission venait d'apprécier les progrès réalisés dans les institutions de sourds-muets en France. Tout en déclinant sa compétence, elle n'hésita pourtant pas à dire que le sourd-muet, qui a entendu et parlé, lui semblait seul appelé à recueillir les fruits de l'enseigne-

1. Pages, 13, 14, 15, 16.

ment oral. Elle fut aussi sage que l'Académie de Zurich, laquelle, en 1783, donna raison à l'abbé de l'Épée contre Heinicke, adversaire acharné du langage des signes.

M. l'inspecteur général Claveau rapporte [1] que « des » instituteurs français placés à la tête d'écoles importan- » tes ont déclaré au congrès de Lyon [2] que, d'après leur » expérience, l'on ne pouvait compter que sur une faible » minorité d'élèves aptes à acquérir une prononciation » nette de la langue parlée et une sûreté suffisante dans » la pratique de la lecture sur les lèvres. »

Bien que cette opinion n'ait pas paru péremptoire, de nouvelles investigations ne nous apprendraient rien, si ce n'est qu'on ne devrait plus confondre les muets avec les sourds parlants [3]. Ceux-ci sont des exceptions : s'ils ont perdu l'ouïe après l'âge de quatre ans et que leur intelligence soit restée intacte, ils peuvent se rappeler les sons qui, jadis, ont frappé leurs oreilles, les reproduire et, par conséquent, achever leur éducation assez promptement. Les autres n'ont point cet avantage ; ils portent le cachet de leur infirmité ; leur instruction demande plus de temps et plus de patience.

Le signe n'est pas seulement la parole du sourd-muet de naissance ; c'est surtout, je ne saurais trop le ré-

1. Mémoire présenté à M. le ministre de l'intérieur, en 1880, p. 35 et 36.

2. Ce congrès eut lieu en 1879.

3. De Gérando indique cette nécessité, mêmes circulaires, p. 35.

péter, le flambeau par excellence de son intelligence : supprimer le signe, ce serait entretenir chez lui les ténèbres de l'ignorance.

Les faits démontrent qu'il y a lieu de prendre en considération l'avis émis par l'Académie de Zurich et la commission de l'Institut de France, dont M. Franck fut le rapporteur. Les principes de l'abbé de l'Épée resteront debout. On donnera plus d'extension à l'enseignement oral ; il sera destiné aux sourds parlants et aux demi-sourds. On leur permettra de se servir de temps en temps du geste, et l'essor de leurs facultés n'en sera que plus favorisé. Du reste, cette méthode mixte a mis en évidence un certain nombre d'entre eux.

On se gardera de lier les mains au muet, de proscrire ce langage pittoresque qui seul peut le ressusciter à la vie morale et le faire rentrer dans le sein de la société. On ne le laissera point dans l'isolement, parce que sa prononciation est nulle, incompréhensible. Il sera instruit concurremment par la mimique et l'intuition, lesquelles ont produit des résultats prodigieux, ou, pour citer textuellement les termes de l'abbé de l'Épée, « par » des caractères tracés par écrit, et toujours accompa- » gnés de signes sensibles, comme on instruit les autres » hommes par des paroles et des gestes, qui indiquent » la signification des choses [1]. » Je vais plus loin : quiconque lui porte de la sympathie ferait bien de savoir parler avec lui par la dactylologie, ou plus rapidement

1. *Véritable manière d'instruire les sourds-muets*, p. 137.

par signes; et ces relations, ainsi établies, effaceraient mieux que tout autre moyen la ligne de démarcation qui, depuis tant de siècles, le tient séparé de la grande famille humaine.

CONCLUSIONS

Il est nécessaire d'établir deux catégories parmi les élèves sourds-muets :

1° Ceux qui n'ont jamais entendu ni parlé, ou qui perdu l'ouïe avant l'âge de quatre ans ;

2° Ceux qui ont entendu et parlé jusqu'à cet âge.

L'éducation des premiers ne peut se faire utilement que par la mimique et des exercices écrits.

Les autres, à moins que leurs facultés n'aient été atteintes, seront instruits par la parole, sans toutefois abandonner complètement la mimique qui leur rendra des services réels.

Châteauroux. — Typ. et Stéréotyp. A. MAJESTÉ.

DU MÊME AUTEUR

1° **De l'Enseignement des Sourds-Muets** (1858);

2° **Petites leçons de morale** à l'usage des écoles de sourds-muets (1860) ;

3° **Grammaire pratique** à l'usage des élèves sourds-muets de deuxième année (juillet 1862) ;

4° **Grammaire pratique et Conversations familières** à l'usage des élèves sourds-muets de troisième année (octobre 1862) ;

5° **De l'Utilité des Écoles spéciales de Sourds-Muets** (1865).

6° **But qu'il convient de se proposer dans l'Enseignement des Sourds-Muets** (1872).

7° **Un mot rétrospectif sur l'Enseignement des Sourds-Muets** (1876).

CHATEAUROUX — TYP. ET STÉRÉOTYP. A. MAJESTÉ

www.ingramcontent.com/pod-product-compliance
Lightning Source LLC
LaVergne TN
LVHW020452230826
846091LV00008BA/3165

* 9 7 8 2 0 1 6 1 7 3 4 0 4 *